创意的开关

[日]中泽刚 著
许源源 译

中国民族文化出版社
北 京

这道难题，
你怎么解？

假设你是一家百货公司的老板，
虽然每天顾客盈门，
但有一个问题一直令你非常头疼。
那就是许多顾客都在抱怨：
“等电梯的时间实在太长了！”

你要如何
解决这个问题呢？

方案❶

用运行
速度更快的电梯
更换现有电梯

方案❷

再增设几部
电梯

确实，只要让电梯升降的速度更快一些，
运载量更大一些，
这个问题就迎刃而解了。
但是上述两个方案，无论哪一个，成本都不容小觑。
实施有难度，真正实现的可能性都很低。
你还能想到其他办法吗？

…

如果实在想不出什么好办法，
你也别着急，
我可以给你一个小提示。

你先试着告诉自己：

“电梯来得慢怕什么？这根本不成问题！”

然后认真思考：

“电梯来得慢也不成问题，这是为什么？”

“何以说它不成问题？”

让我们一起开动脑筋想一想吧！

明明电梯来得还是很慢，客人等电梯的时间并没有缩短，

却认为不成问题，这是为什么？

何以说它不成问题？

那意味着即使电梯来得很慢，

等待的时间较长，客人也不会生气，更不会有任何怨言。

这才能说它不成问题，对吧？

说白了，到底客人为什么会生气呢？

还不是因为等电梯的时间太无聊了。

既然如此，如何才能让客人不生气呢？

答案自然是让等电梯的时间变得不再烦躁无聊。

什么事情能让

等电梯的时间变得不无聊呢？

现在，你的脑海里是否

已经涌现出各种解决方案了呢？

比方说……

方案❸

在电梯间
给客人
发放糖果

还有，
这也不失为一个好办法……

方案❹

在电梯间
摆放
促销商品
宣传单

且慢，
还有更省心省力的办法……

方案❺

在电梯间
安装
镜子

无论采用以上哪种方案，
效果应该都不会令人失望。
在现实生活中，
真的有人用第❺个方案完美地解决了这个问题。
《解决问题的艺术》（*The art of problem solving*）
（拉塞尔·L.阿克夫著）一书就收录了这个案例：
一位大厦的老板通过在电梯间安装镜子，
解决了客人因等电梯时间太长而投诉的问题。

你觉得上述方案如何？
不用花大价钱升级改造电梯，
就能轻而易举地解决问题。

这就是创意的力量！

想要提炼出这样的创意，
需要的不是才能，也不是天赋，
而是转换思维的方式。
就像刚才当你看到“这根本不成问题”这句话时，
思维方式立刻被切换了一样。

其实，提炼创意需要的是
拓展思维的边界，
打开创意的“开关”。
只要如此，
任何人都能提炼出大量新奇的创意。

这就是本书要介绍给大家的
“创意的开关”。

想要打开创意的开关，方法非常简单，
任何人都能轻松上手。
只要你掌握了打开创意开关的方法，
无论你遇到什么难题，
通通都可以借助创意的力量来解决。

前言

创意即武器

创意即武器。

无论在生活还是工作中，问题永远无处不在。生活中总是会接二连三地出现让你抱头苦思、心烦不已的问题。但是，不管遇到什么困难，如果你有能力找到解决这些问题的方法，对你而言克服它一定不在话下。

这个世界充满了形形色色的商品和服务。如果你做的事情和别人一模一样，注定无法在如此激烈的竞争中存活下去。我们经常需要寻找前无古人的“新创意”，这将成为我们存活于世不可或缺的武器。

可是，无论学校还是公司都很少教你提炼创意的方法。所以当有人让我们自由发挥创意时，大家往往不知所措。这也是为什么很多人认为，没有才能或天赋的人不可能提炼出创意。

事实并非如此。创意的提炼方法也是可以学习的。只要你掌握了开启大脑“开关”的方法（流程），就能提炼出大量只有你才能想到的新奇创意。

我把我发现的开启创意开关的方法集结成此书。话说回来，我是在做企业战略咨询师的时候，开始思考“如何才能打开创意的开关”这个问题的。

当时，我的工作是为客户找到能帮助他们解决问题的创意，然后在客户面前进行演示。有一次，客户问我：“为什么你每次都能想到那么多创意？能否教教我们，你到底是如何思考、分析的？”

于是，我就把自己无意识的思考过程“可视化”，专门向客户进行了说明，大家听后都特别满意。之后，我参考了一些创意案例储备量丰富的咨询业老前辈，以及客户的思维方法，将自己的思考过程打磨成一套创意提炼法。

恰好当时我报名参加了软银学院（为软银社长孙正义培养接班人的机构）外部一期生项目，被成功录取。我策划的创意项目获得了软银学院的好评，这使我的职业生涯发生了巨大的变化。

之后，我跳槽到软银，并且有幸在社长办公室任职。当时的工作环境充满挑战，有时我甚至觉得工作难度远超出我的能力范围。正是借助这个创意提炼法，当时的我才能每天不断地克服一个又一个工作中遇到的难题。

后来我基于这一创意提炼法，在软银内部成立了一个叫“创意郊游”（idea picnic）的研习营，我的创意提炼法被纳入公司内部的培训方案之中。研习营受到广泛好评，成为公司内部一个极具人气的培训项目。

再后来，这个培训项目还被推广到大学及高中校园里。一些认同“创意郊游”创意提炼法的老师开始邀请我，到学校里给学生们举办研习营。

2018 年 3 月我从软银离职，创办了一家 AI 风投公司，开始了每天构思新创意的生活。我另外组建了一个新的组织来继

续推广“创意郊游”，并且收到众多企业和学校的邀请，以举办研习营的方式开展了不少培训活动。

本书再现了“创意郊游”的整个过程，书中讲述的内容非常简单，只需遵循 4 个步骤，在 30 分钟内，你就能提炼出许多此前你从未想到的创意。

这个过程非常轻松愉快。许多体验过“创意郊游”的商务人士和学生都很开心地告诉我：“没想到思考是一件这么令人愉悦的事！”我希望各位读者能在读得开心的同时，也能获得“创意”这一“武器”。

中泽刚

第 3 章 · 为何“创意郊游”能让人源源不断地产出创意

第 4 章 · “创意郊游”在工作中的运用

第 1 章

傻瓜式

创意提炼法

切忌刻意追求“金点子”

在本书中，我将为各位介绍一个可以让任何人都能提炼出新奇创意的方法——“创意郊游”（idea picnic）。

这个方法非常简单，仅需 4 步即可完成，只要你有 30 分钟的时间，就能迅速提炼出大量新奇的创意。本书第 20 页和第 21 页列举的案例，就是“创意郊游研习营”成立以来，学员们构思的一小部分创意。只要运用“创意郊游”这种方法，你也可以在短时间内提炼出大量别具一格的创意。

只是，如果你想采用这种方法来提炼创意，有一点请务必遵守。那就是不要一开始就想着：“我一定要找到一个‘金点子’！”此言何解？因为一旦你开始构思所谓的“金点子”，你的脑海里就会冒出一个刁钻刻薄的“检查官”。

【检查官】

你的内心其实住着一个

第 2 章

一起去
“创意郊游”吧

让创意源源不断的 4 个步骤

事不宜迟，现在我们一起出发，开始“创意郊游”吧！

你需要准备的只有纸（便签）和笔，当然你也可以使用电脑（Excel 表）。然后，在我介绍以下 4 个步骤时，把你所能想到的点子通通写下来即可。一趟快乐无比的“创意郊游”正在前方等着你，在这次郊游中，你将源源不断地收获大量创意。

这 4 个步骤如第 30、31 页所示，分别是“第 1 步 立 flag”→“第 2 步 列负面清单”→“第 3 步 正负转换”→“第 4 步 反问自己”。接下来我将依次进行说明。

第 1 步

立 flag——提出问题

第 1 步叫“立 flag”，“创意郊游”就是从这一步开始的。

flag，意为“旗帜、标志、象征”。这里的“flag”意味着创意郊游的起点，立好 flag，标志着你已经站在提炼创意的起点上了。

我们需要挑选出适合作为 flag 的话语，设定好最初的动机，以便在后续的步骤中能更高效地开动脑筋。

说得具体一点儿，我们可以立如下这样的 flag。比如，“想好好吃早餐却吃不了”“想减肥却减不掉”“想偶遇帅哥却没有桃花运”等日常生活中容易遇到的问题。

当然，选择工作中遇到的问题也可以。

【轻松提炼创意，

[第 1 步]

立 flag

[第 2 步]

列负面清单

仅需 4 个步骤]

[第 3 步]

正负转换

[第 4 步]

反问自己

立 flag 的关键不是“做不到某事”或“想做某事”，而是“想做某事却做不到”，重点在于将这两个要素合二为一。你在这一步立下的 flag，将在后续的步骤中发挥惊人的效力。

想做某事却做不到……

另外，在提炼商务创意时，立 flag 有一个小窍门——那就是一定要站在顾客或用户的角度上，而不是站在经营者的角度去立 flag。

举个例子，假设你是一家咖啡馆的老板，现在你正在思考的问题是“有什么办法可以增加客流量，特别是早餐时段的客流量”。

那么你应该立的 flag 不是“想增加早餐时段的客流量，却无计可施”，而是应该站在顾客的角度想问题，立一个“想吃早餐却吃不了”之类的 flag。

要想提炼出一个好创意，立 flag 的角度至关重要。

想让自己的事业大获成功，就需要提出能让顾客（用户）满意的创意。因此，与其从经营者的角度出发去立 flag，不如从顾客的角度出发立 flag，这样提出优质创意的可能性更高。

- 想增加早餐时段的客流量，却无计可施
- 想好好吃早餐却吃不了

第 2 步

列负面清单——找“借口”，宣泄“不满”

为什么需要在【第 1 步】立一个“想做某事却做不到”的 flag 呢?

理由很简单，立 flag 其实是为了给【第 2 步】“列负面清单”铺路。所谓“列负面清单”就是要把我们立的 flag“想做某事却做不到”之中“做不到”的理由罗列出来。

例如，“我想做某事却做不到，都怪……”就像是为自己找借口、宣泄心中的不满或挑别人的毛病一样，你只要将负面的感受罗列成文字即可，无须为文字内容负责。如果能以这种心态去列负面清单，一定可以想到一大堆做不到的理由。

这一步最重要的诀窍是，别细想。一定要把所有你想到的内容，毫不犹豫的都写下来。

举个例子，假设你立的 flag 是“想吃早餐却吃不了”，那么可以有如下理由。

“没时间。”

“早起太困难了。”

“做早餐太麻烦了。”

“就算在便利店买了早餐，也没有地方好好吃。”

“没钱。”

“自己做早餐也不便宜。”

“对早餐缺乏期待，不像晚餐时会纠结吃什么好。”

“吃早餐容易胃胀。”

“买早餐太麻烦。”

“吃了早餐，搭地铁上班的路上突然闹肚子就麻烦了。”

“在工位上吃早餐，感觉有损形象。”

在你列举做不到的理由时，就像上面的例文一样，可能会出现一些相似的理由。你完全不必在意，也没有必要对这些理由进行概括总结。你只要把浮现在脑海里的内容直接写下来即可。就像发牢骚一样，把与“吃早餐”这件事有关的不满情绪一股脑儿全部宣泄出来。“买早餐麻烦”“做早餐麻烦”“吃早餐麻烦”……这也麻烦，那也麻烦，写着写着你就会渐入佳境了。

只要给自己5分钟时间，相信你就能列出不少“负面信息”。只要你觉得“这应该也能算一个理由吧”，就把它写下来。接下来，你就可以进入【第3步】了。

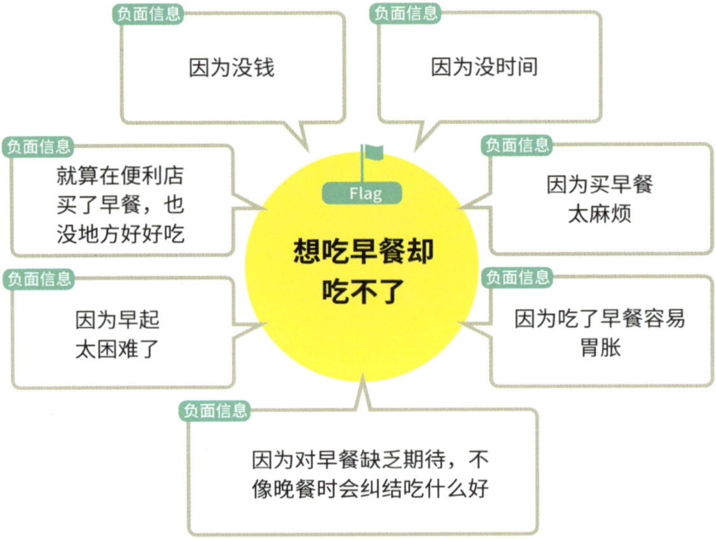

第 3 步

正负转换——将负面清单转换为正面清单

【第 3 步】需要我们将【第 2 步】列举的“负面清单”机械性地转换为“正面清单”。

正负转换有两种方法：一种叫作“单纯转换法”；另一种叫作“不成问题转换法”。

举个例子，针对“想吃早餐却吃不了”这一问题，你列出了“早上没时间”这个负面信息。那么你可以采用“单纯转换法”，将其直接转换成“早上有时间”；也可以采用“不成问题转换法”，将其转换成“早上没时间也不成问题”。

单纯转换法

“没有 XX” ⇔ “有 XX”

不成问题转换法

“XX” → “XX 也不成问题”

“单纯转换法”只需将“没有 XX”转换为“有 XX”或将“有 XX”转换为“没有 XX”即可。

再举个例子，如果负面信息是“买早餐太麻烦”，那么对应的正面信息就是“买早餐不麻烦”；如果负面信息是“不想把早上的时间安排得太紧张”，那么对应的正面信息就是“想把早上的时间安排得紧凑一点儿”。（先别吐槽哪有人一大早就想把时间安排得那么赶啊！）

如果负面信息是一个复句，有的人可能会觉得不太好转换。

例如，“吃早餐后，容易犯困”或“在工位上吃早餐，感觉有损形象”，这种情况只需要转换为“吃过早餐也不会犯困”和“在工位上吃早餐，也不会损害形象”即可。

总之，就是把负面内容转换为正面内容就可以了。

“不成问题转换法”更简单，只要在句末加上“也不成问题”即可，如“麻烦也不成问题”“吃过早餐犯困也不成问题”。

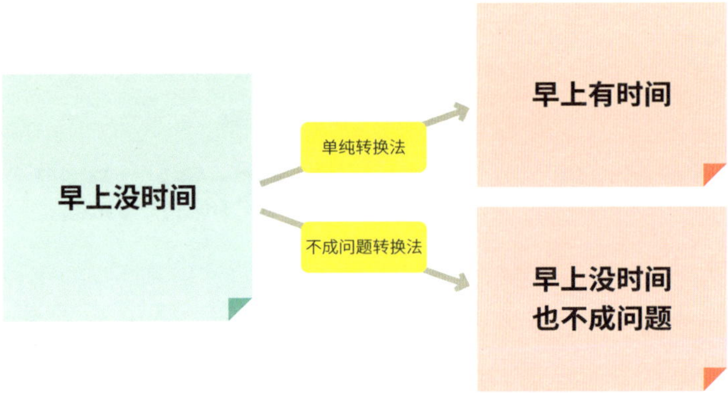

如上所示，将【第 2 步】列出的“负面信息”逐一转换成“正面信息”。全部转换好之后，【第 3 步】就完成了。接下来进入最后一个环节——【第 4 步】。

负面清单	正负转换	
没钱	单纯转换法	有钱
	不成问题转换法	没钱也不成问题
麻烦	单纯转换法	不麻烦
	不成问题转换法	麻烦也不成问题
早上的时间不想安排得太紧张	单纯转换法	想把时间安排得紧凑一点儿
	不成问题转换法	不想把时间安排得太紧张也不成问题
吃早餐会犯困	单纯转换法	吃早餐也不会犯困
	不成问题转换法	吃早餐会犯困也不成问题
自己做早餐不便宜	单纯转换法	自己做早餐便宜
	不成问题转换法	自己做早餐不便宜也不成问题
在工位上吃早餐感觉有损形象	单纯转换法	在工位上吃早餐不会损害形象
	不成问题转换法	在工位上吃早餐有损形象也不成问题

第 4 步

反问自己——放飞创意

【第 1 步】至【第 3 步】都是前期准备，到【第 4 步】我们才真正进入提炼创意的阶段。

【第 4 步】不只是单纯的头脑风暴。我们有非常强大的伙伴为我们助力，它们就是通过“正负转换”收获的内容。

你没必要皱着眉一个人冥思苦想，看一看自己在【第 3 步】“正负转换”的过程中写下的正面信息吧（参考下一页）！你会发现其中有不少奇奇怪怪的句子，有的会让你忍不住惊呼“天哪，这个想法好奇特”，也有的会让你觉得“不错，有点儿意思”，还有可能罗列在眼前的句子会让你不禁想吐槽“哪来的底气，竟然敢这么说……”它们也许会让你觉得难以置信，甚至有些突兀。在你写下的正面信息中，肯定不乏各种奇奇怪怪的句子，你只要从中任意选取一句喜欢的话即可。

买早餐不麻烦

有时间

吃早餐并不会
在地铁里
突然闹肚子

对早餐充满期待，
不知道该吃什么好

没时间也
不成问题

没有地方
好好吃早餐
也不成问题

自己做早餐不便宜
也不成问题

就算在便利
店买早餐，
也能有地方
好好吃

没钱也
不成问题

吃了早餐
也不会胃胀

然后，你再对着挑选出的句子，反问自己：

“为什么说 XXX？”
“在什么情况下才能 XXX？”

记住，一定要真的开口大声反问自己。如果有人配合，也可以让对方询问你。如此一来，潜伏在你体内的“创意君”就会变得充满活力，给你带来前所未有的创意。

例如，假设你选择“就算在便利店买早餐，也能有地方好好吃”这句话，那么你可以试着反问自己：“为什么说‘就算在便利店买早餐，也能有地方好好吃’呢？在什么情况下才能有地方好好吃在便利店买的早餐呢？”

[反问自己]

有地方好好吃早餐 →

为什么说就算在便利店买早餐，也能有地方好好吃呢？

在什么情况下才能有地方好好吃在便利店买的早餐呢？

到底在什么情况下才能实现这一点呢？

如果说顾客已经在便利店买好了早餐，那一般情况下应该不会再去咖啡店之类的地方点早餐了。但却说“有地方好好吃在便利店买的早餐”，这是为什么呢？

比方说，如果你可以在商业街开一家露天咖啡馆，顾客只需支付一点儿场地费，就能在你的咖啡馆里享用自带的食物。你觉得这个方案如何？

可能有些顾客一开始只是把从便利店买的早餐带到你的露天咖啡馆里吃，不会在你的店里消费。不过时间长了，他们也可能会选择直接在你的店里点早餐吃。你说这个创意是不是还挺有意思的？

再举个例子，假设你选择的正面信息是“买早餐麻烦也不成问题”，那就试着反问自己：“为什么说买早餐麻烦也不成问题？什么情况下才能让它不成问题？”

对有些人而言，连去便利店买早餐都是一件麻烦事，何以说这不成问题呢？

假设，只要顾客在前一天预订好早餐，第二天上班时，店里的员工就会将早餐拿到地铁口交给顾客；或者由顾客所在的公司统一订餐，店家给予价格优惠的同时，每天早上将早餐配送到顾客所在的公司。

就像这样挑选出你觉得有意思的正面信息，再反问自己“为什么说 XXX”“在什么情况下才能 XXX”。如此“创意君”就会越来越有活力，开始为你量产与众不同的创意。

利用“点子卡片”发散思维

万一脑子里还是什么点子都没冒出来，那该怎么办呢？

这时候就轮到“点子卡片”出场了。“点子卡片”是一种非常便捷的工具，我们需要事先准备大量的卡片，在卡片上写上有关 4W1H（即 what、who、where、when 和 how）的语句，参考第 46、47 页所示。

what	物	食物／饮料 衣物 文章 声音 味道 交通工具	建筑物 按压式的物品 展示品 引以为豪的东西
	事	跑 笑 哭 模仿 走 讲究	增长 穿 看 读
who	关系	固定 父亲 母亲 老师 孩子	动态 喜欢的人 仰慕的人 嫉妒的人 关照自己的人
	属性	美国人 中国人 50 多岁的人 御宅族 * A 型血的人 男人／女人	公司职员／个体户 政府官员

* 御宅族：广义是指热衷于各种亚文化，并对该文化有深入了解的人；狭义是指沉溺、热衷或精于动画、漫画及电子游戏的人。

where	地区	机构
	日本 韩国 东京 大阪 名古屋	学校 医院 ××站 店铺 酒馆、蔬果店……
when	相对的	绝对的
	……开始之前 ……结束之后 同时 换季之时	9:00、15:00…… 2 月、8 月…… 春、夏、秋、冬 夏至
how	尺寸 大小 浓淡 多少 长短	方法 顺序 步骤 做法

接下来，你需要做的是随便抽出一张“点子卡片”，将卡片和经过“正负转换”得到的正面信息组合起来。

假设你选择的正面信息是“对早餐充满期待，但不知道该吃什么”，而抽中的卡片是“模仿”。

正面信息

点子卡片

对早餐充满期待，但不知道该吃什么

what（事）
“模仿”

你可以试着反问自己：“为什么‘模仿’能让人‘对早餐充满期待，但不知道该吃什么’？”也可以问自己：“模仿什么才能让人‘对早餐充满期待，但不知道该吃什么’？”

也就是说，你可以通过模仿，让顾客进入“对早餐充满期待，但不知道该吃什么”的状态。那么究竟要模仿什么才能达到这样的效果呢?

例如，你可以模仿铃木一朗（日本知名棒球运动员）的早餐菜单。说得具体一点儿，也就是准备几款铃木一朗常吃的早餐。如果你的顾客是铃木一朗的粉丝，那他可能就会想去你的咖啡店一探究竟。

与其用“A 套餐”“B 套餐”这些平平无奇的名字，改用“铃木一朗套餐”“羽生结弦套餐”“本田圭佑套餐”等日本体育明星的名字来命名的菜单显然更有意思；换成“上户彩套餐”“新垣结衣套餐”“桐谷美玲套餐”等日本女演员的名字来命名的菜单也别有一番趣味。

再举个例子，如果你选择的正面信息是“对早餐充满期待，但不知道该吃什么”，抽中的“点子卡片”是“喜欢的人”。那么，你可以思考一下：“为什么有喜欢的人，就会‘对早餐充满期待，但不知道该吃什么’？喜欢的人对你做什么，会让你对早餐充满期待呢？”

假设，你可以为顾客提供“早安电话”服务——每天早上，安排异性员工打电话询问顾客：“亲爱的，早安！今天早餐你吃了什么呀？”

你也可以利用 AI（人工智能）来打早安电话，让 AI 使用顾客喜欢的人的声音，顾客的回应越温柔，AI 的口吻就越亲切。

这个点子是不是也挺好玩的？或许这类服务已经超出了普通咖啡馆的业务范畴，但我想如果能够实现的话，必能获得出奇制胜的效果。

搭配使用“点子卡片”，能帮你更快速地产出创意。

当然，因为卡片是任意抽取的，也可能会出现“点子卡片”与“正面信息”组合之后，你照样什么点子也想不出来的情况。这时，你只需继续抽取下一张卡片，直到遇到能让你灵光一现的卡片即可。

没必要用完所有的点子卡片（当然如果你乐在其中，想继续组合下去也无妨）。因为如果过于认真严谨地思考，人很容易疲惫，以轻松的心态去提炼创意才是最理想的做法。

当你收获一定数量的点子之后，就可以结束“创意郊游”。虽然完成时间因人而异，不过通常只要 0.5 ~ 1 小时就能提炼出大量创意。

给创意取个名字

最后还有一件事需要你做——给你的创意取一个有趣的名字（可以是服务或产品的名字或广告词等）。

如果是在商业街开露天咖啡馆卖早餐，可以叫它“露天早餐”；如果是扮演顾客“喜欢的人”给顾客打早安电话，可以叫它“早餐 call”……给自己想到的创意取一个名字，写在笔记本上，日后翻看时，你就能立刻想起这个创意的具体内容。

根据我的经验，名字越新奇，这个创意派上用场的可能性就越高。

如果你还需要更多的创意，你可以再立一个新的 flag，重新进行一次“创意郊游”。举个例子，假设你想吸引更多客人来你的咖啡馆，那不妨立一个“每天都想去那家咖啡馆，可是一直去不成”的 flag。立一个不一样的 flag，你就能获得完全不同的创意。

只需一张纸和一支笔就能提炼创意

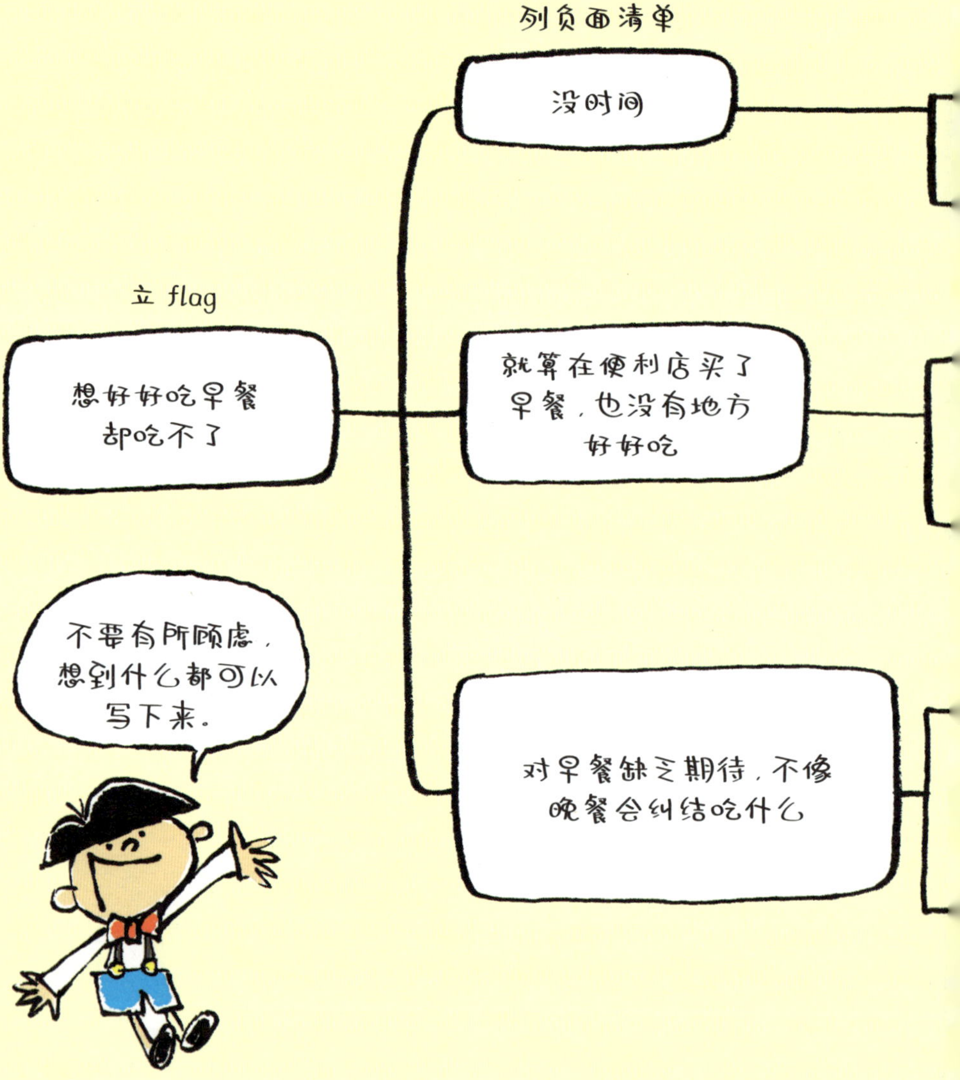

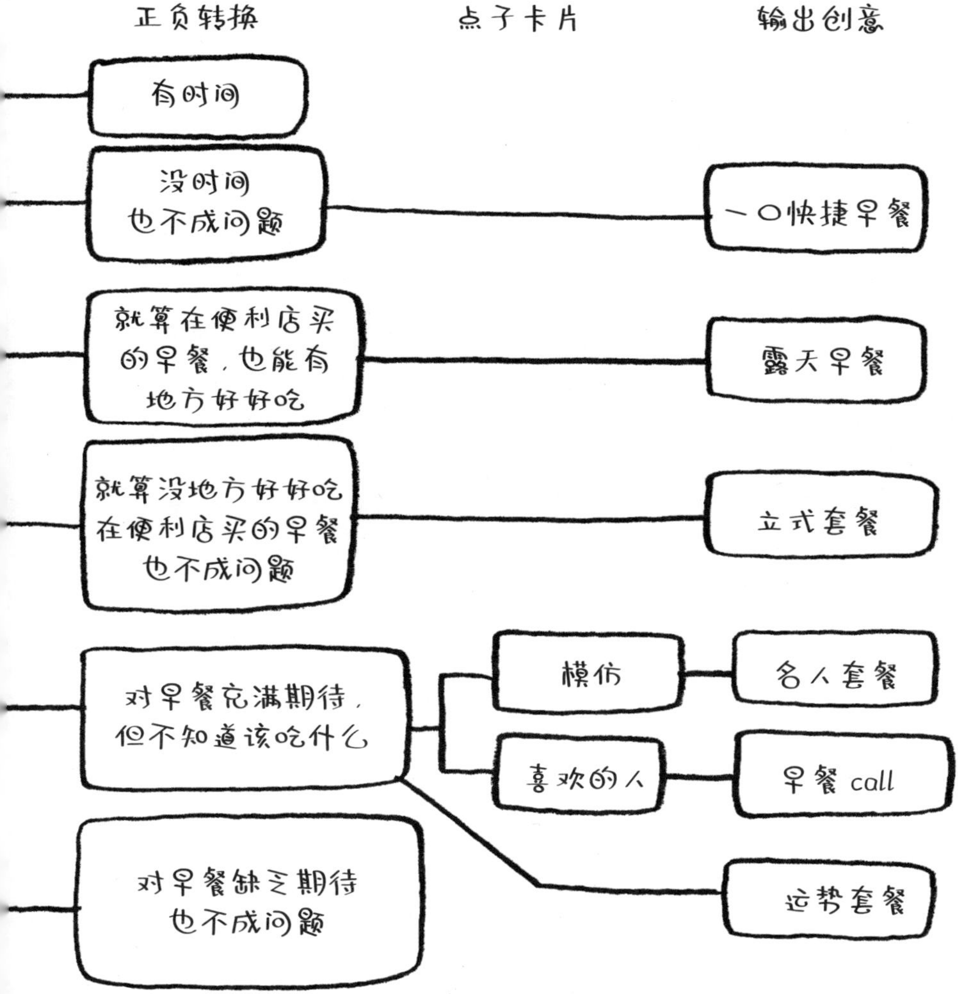
正负转换
点子卡片
输出创意
有时间
没时间
也不成问题
一口快捷早餐
就算在便利店买
的早餐，也能有
地方好好吃
露天早餐
就算没地方好好吃
在便利店买的早餐
也不成问题
立式套餐
对早餐充满期待，
但不知道该吃什么
模仿
名人套餐
喜欢的人
早餐 call
运势套餐
对早餐缺乏期待
也不成问题

像这样，针对同一问题立多个flag，反复进行“创意郊游”，就会发生奇妙的化合反应。你过去想到的、尚留存在记忆中的点子，将与刚刚萌生的点子结合起来，形成一个全新的创意。如此反复进行“创意郊游”，你就能接二连三地提炼出一个又一个有趣的创意。

感觉怎么样？

“创意郊游”的4个步骤，你都懂了吗？这个方法非常简单，只要你多挑战几次，一定能很快掌握其中的诀窍。

针对你身边的问题，尝试一次“创意郊游”吧！你体内的“创意君”马上就会变得活力四射，为你带来前所未有的新奇创意。

利用 Excel 表进行“创意郊游”

	A	B	C	D	E	F
1	1 立 flag	想吃早餐却吃不了				
2						
3	2 列负面清单	3 正负转换	4 反问自己	5 点子卡片	6 反问自己	7 输出创意
4	就算在便利店买了早餐，也没有地方好好吃	有地方好好吃在便利店买的早餐	在什么情况下才能有地方好好吃在便利店买的早餐			露天早餐：在商业街开设**“可自带食品入内”**的露天咖啡馆
5		没有地方好好吃在便利店买的早餐也不成问题	在什么情况下就算没有地方好好吃在便利店买的早餐也不成问题			立式套餐：在地铁站附近出售可以在街上边走边吃的套餐
6	对早餐缺乏期待，不像晚餐会纠结吃什么	对早餐充满期待	什么东西能让人对早餐充满期待	喜欢的人	为什么有喜欢的人，就会对早餐充满期待呢	早餐 call：喜欢的人每天早上都会打电话问你“早餐吃了什么呀？”
7				模仿	模仿某种东西，就能让人对早餐充满期待，那种东西究竟是什么呢	名人套餐：按名人的餐单制作早餐
8		对早餐缺乏期待也不成问题	什么东西能让“对早餐缺乏期待”不再是问题			
9	吃早餐容易胃胀	吃早餐不会胃胀	什么东西能让人吃早餐后不会胃胀			搭配胃药：因为早餐附带胃药，所以不用担心胃胀
10		吃早餐容易胃胀也不成问题	在什么情况下，就算胃胀也不成问题			
11	买早餐太麻烦了	买早餐不麻烦	在什么情况下买早餐能变得不再麻烦			早餐外卖：每天送餐上门，让买早餐变得不再麻烦
12		买早餐麻烦也不成问题	什么东西能让买早餐这件事麻烦不成问题			

[一起来复习提炼创

[第 1 步]

立 flag

将日常生活及工作中遇到的问题文字化，以“想做某事却做不到”的形式进行归纳。

[第 2 步]

列负面清单

列举“做不到”的理由（负面信息），如“都怪 XXX”。就像给自己找借口一样，想到什么写什么。

意的 4 个步骤吧]

[第 3 步]

正负转换

使用两种转换方式：“单纯转换法”和“不成问题转换法”，将负面清单转换成正面清单。

[第 4 步]

反问自己

选择其中一个正面信息，反问自己：为什么说 XX？什么情况下才能 XX？

让创意信手拈来

[正面信息]
对早餐充满期待，但不知道该吃什么。

运势套餐

在餐盒里放一张游戏运势签，可以用它来“占卜”你当天的运势。

名人套餐

套餐全部以名人的名字命名，选择某一套餐，就能吃到这位名人常吃的早餐。

露天早餐

只在早餐时段营业，专做早餐的露天摊位。

【小专栏】

“创意郊游”小分队集合了

如果能以小组形式进行“创意郊游”，效果更佳。

因为受到其他小组成员提出的点子启发，我们的思维会变得更加发散。与单枪匹马相比，小组形式的“创意郊游”能帮助我们提炼出更多、更与众不同的创意。

在实践过程中，有不少学员遇到无法独自解决工作中的问题时，通过和团队成员一起运用“创意郊游”的方法，找到了解决方案。

据学员们反馈，大家一起开开心心地提炼创意，有助于增强团队的合作精神。希望各位也务必尝试一下。

以小组形式进行“创意郊游”时，需要注意的只有一点：不要否定别人的点子。无论别人提出的点子听起来有多不切实际，都要予以肯定，并接受它。最好能紧随其后，说出比它更“不切实际”的点子，这样才能让“创意郊游”的气氛越来越热烈。

我建议各位以小组形式进行“创意郊游”时，可以采用在白板上贴便签的方法。

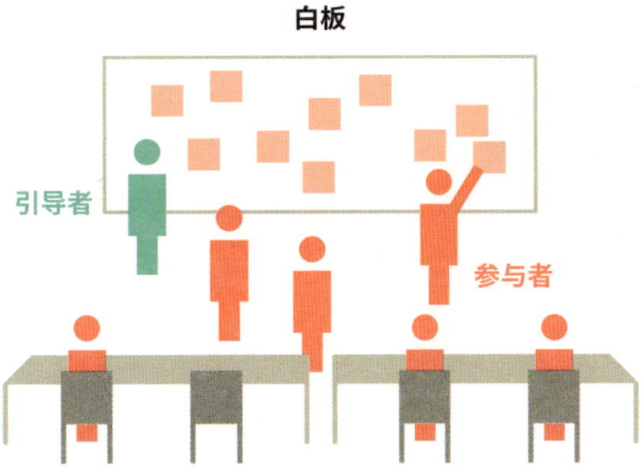

时间到了就把写好的便签贴在白板上

设置一定的时间限制，每人在各自的座位上列负面清单，再进行“正负转换”。时间到了，就依次念出自己写在便签上的正面信息，然后将便签贴在白板上。

如果对方念的内容和自己写的一模一样，就举手附议，把两人的便签贴在同一位置。如果觉得和对方写的内容有点儿像，但不完全相同，那就贴在别的位置。因为哪怕有一点点差异，也有可能帮你提炼出完全不同的创意。

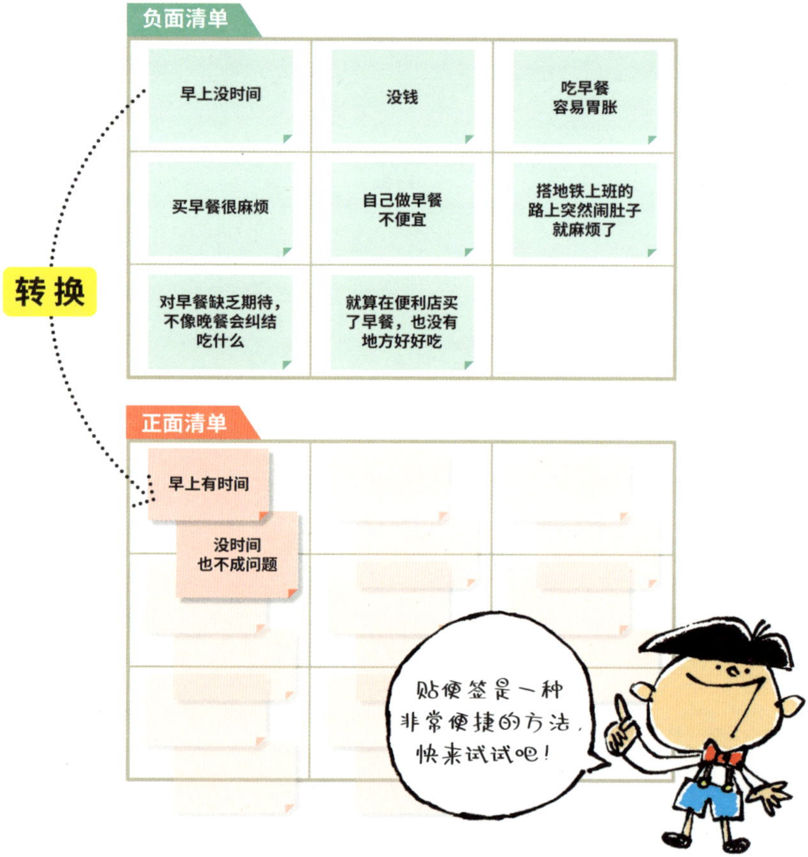

把大家写的“正面信息”便签都贴在白板上，然后从中选取一条大家觉得有意思的“正面信息”，边读便签上的内容，边互相询问：“为什么说 XXX？在什么情况下才能 XXX？”

接下来，将各自想到的点子全部写在白板上。听到别人的点子时，如果有任何想法，可以大胆地提出来，就算跑题也无妨。你的意见越是“恶搞”，反而越能激活大家的头脑，使得大家更容易提炼出有趣的点子。

当大家对着眼前这张便签，已经把所能想到的点子都提出来了，觉得实在想不出别的点子时，“点子卡片”就派上用场了。找一个人抽取一张卡片，读出卡片上的内容，然后将“点子卡片”与“正面信息”便签组合起来，大家围绕这个组合再各自提出自己想到的点子。

多抽几次“点子卡片”，如果觉得点子收集得差不多了，可以选另一张便签重复这个过程。需要注意的是，提炼创意的诀窍在于：千万别太认真，认真你就输了。

把那些大家觉得有意思的便签都挑得差不多时，就可以结束“创意郊游”了。你也可以事先约定30～40分钟的时间限制，时间到了就停止。我相信用不了很长时间，你就能收集到许多别出心裁的创意。

最后，从白板上的点子中选取出可行性较高的，给它们取名，并用手机拍照。照片可以直接作为会议记录使用。

可以指定一位负责人，由负责人对所有创意进行审查，并将其打磨成一个个完整的方案。之后再找机会，由大家一起决定到底执行哪一个方案即可。

第 3 章

为何“创意郊游”能让人源源不断地产出创意

无意中打开了 3 个“开关”

“创意郊游”研习营的学员们曾给过我如下反馈：

“‘创意郊游’的过程特别开心。”

“毫无压力，非常轻松。”

“没想到构思创意的过程这么简单，我都惊呆了！”

“以前想都没想过的点子自己突然冒出来了。”

“感觉不管要多少创意都不在话下！”

……

为什么“创意郊游”的过程会令人如此开心？为什么它能让人如此简单地产出创意？为什么有信心说不管要多少创意都不在话下？

因为“创意郊游”的过程中隐藏着 3 个开关，这些开关能激发你体内“创意君”的活力。任何人在执行上述 4 个步骤时，都会无意识地打开这 3 个开关，使得创意能够自动从头脑里孵化出来。

本章将对这 3 个创意的开关进行说明，为大家揭开“创意郊游”的奥秘。

第❶个开关

自动增加分析视角

我先从第一个开关开始说明。

这个开关隐藏在“创意郊游”“第 1 步 立 flag”和“第 2 步 列负面清单”之中。

进行“第 1 步 立 flag”时，我们需要按照“想做某事却做不到”的格式，提出我们面临的问题。例如，我们可以立一个“想吃早餐却吃不了”的 flag。

那么，我们为什么要提出这样的问题呢？

"立 flag"→"列负面清单"

帮你增加分析视角的开关

正如前文所说，这是为了给"第 2 步 列负面清单"铺路，为了让我们能在第 2 步更顺利地给自己"找借口"或"宣泄不满"。第一个创意的开关就隐藏在这个过程之中。

因为人们总是很擅长罗列做不到的理由，擅长给自己找借口，也擅长怨天尤人，甚至可以说，人们通常都是吹毛求疵的。一旦遇到问题，人们总能接二连三地罗列出许多做不到的理由，如"太麻烦了""我不喜欢"，诸如此类。

这在世人眼里并不是什么值得夸赞的事，只有正向积极的思维才会受到世人推崇。正如人们常说的："做不到的理由要多少有多少，但我们要找的应该是做得到的方法，而不是做不到的理由。”

换个说法就更容易理解了，没有人会夸赞一个到处找借口，总是怨天尤人或爱吹毛求疵的人。因为世人倡导的是不要把责任推给他人或埋怨周围的环境，赞扬的是以责人之心责己，以恕己之心恕人。

话是这么说没错。

但是，“负面思维”与“责人之心”其实对提炼创意大有益处。因为你所罗列的一个又一个做不到的理由、借口或不满，其实都是能够帮助你解决问题的分析视角。

例如，我们立下的 flag 是“想吃早餐却吃不了”，对此我们可以列举出许多吃不了早餐的理由。正如下一页所示，这些做不到的理由都是帮助我们分析“如何才能做到每天好好吃早餐”这个问题的视角。懂得给自己寻找做不到的理由，大脑才会自动产出多种多样的分析视角。

分析视角的多少决定了创意的多少

要想产出大量的创意，分析视角的多少非常关键。

早上没时间	没钱	吃早餐容易胃胀
做早餐很麻烦	想多睡一会儿	想吃的东西不多
对早餐缺乏期待，不像晚餐时会纠结吃什么	就算在便利店买到了早餐，也没有地方好好吃	搭地铁上班的路上突然闹肚子就麻烦了

为自己罗列很多借口

时间	金钱	是否好消化
费工夫	与睡眠时间的关系	可选范围的大小
期待感	用餐地点	地铁内的设施环境

为自己找到很多分析问题的**视角**

如果分析问题的视角太少，会出现什么情况呢？

举个例子，当我们分析“如何才能做到每天好好吃早餐”这个问题时，假设我们的视角只有“早上没时间”这一个，那我们能想到的只是“懒人快捷早餐”之类的点子而已。

分析视角的数量直接关乎最终产出的创意数量。

如果分析问题的视角有限，那只能产出意料之中的点子。只有从出人意料的视角对问题进行分析，才能提炼出意料之外的点子，即不落俗套的点子。

例如，在分析“如何才能做到每天好好吃早餐”这个问题时，谁都能想到“早上没时间”“想多睡一会儿”“做早餐很麻烦”之类的视角，但一般不会想到“期待感”这一视角。

可现实是，如果你分析问题的视角跟常人一样，那就只能产出常人都能想到的点子。正因为可以基于“期待感”这一独特的视角去分析问题，我们才有可能提炼出常人所想不到的独特创意。

如何才能想他人之所不能想呢？

一个行之有效的办法是发挥“责人之心”，将做不到的理由、借口或不满一股脑儿全罗列出来。正因为有“责人之心”，将责任都推卸给他人或周围的环境，我们才能置身事外地列举出一大堆做不到的理由。

而常人所想不到的、独特的分析视角，往往就蕴含在这些做不到的理由当中。

从这个层面上看，可以说比起“以责人之心责己”的“正经人”，那些“责人之心”太强、爱找借口、喜欢挑剔、时常不满的“小恶人”，也许更具有提炼出非同凡响创意的潜质。

不满情绪越多的人，越容易提炼出独特的创意。

逻辑思维使分析视角固化

而且，在我看来，除了那些不擅长找借口、不擅长宣泄不满的“正经人”之外，喜欢讲逻辑思维（Logical thinking）的“逻辑派”，也大多不擅长通过有趣的视角来分析问题。

比如说，假设你经营的咖啡馆业绩惨淡，于是你向咨询师咨询：“到底怎样做才能改善经营状况呢？”

为了解决这一问题，大多数咨询师都会画出类似下面这样的思维导图，对吧？

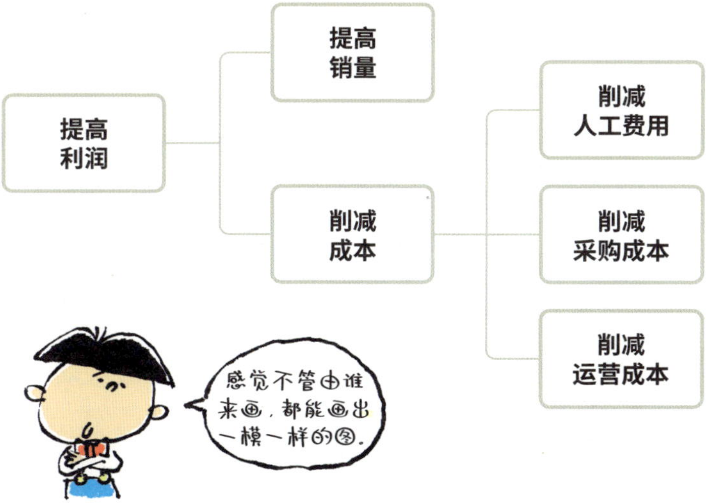

以前我做企业战略咨询师时，也经常会制作这样的思维导图。当然，思维导图能帮助我们整理出改善经营状况所需的必要因素，但是我们往往很难借助这种分析，找到能帮助我们改善经营状况的具体方案。

这是因为擅长逻辑思维的人，无论是谁，他们制作的思维导图都大同小异。也就是说，分析问题的视角容易固化，导致大家想到的点子相差无几。

而且，如果我们眼前摆着这样一张思维导图，我想大家可能很难从中提炼出具有创意的点子。或许你能想到“为吸引顾客到店内消费，需要开发新的菜单”“需要加强品牌宣传”诸如此类的想法，但如果有人问你“具体该怎么做”时，你依旧说不出所以然来。

为什么会这样？我认为，归根结底还是因为无趣。虽然我们可以利用思维导图对改善经营状况所需的因素进行分类，并进行分析，但通过这种方式得到的分析视角往往千篇一律。

请看下一页。下一页展示了两种对动物的分类方法：上面的是现代科学界的分类方法；下面的是小说家博尔赫斯[①]在一篇散文里介绍的古代中国人对动物的分类方法。

①豪尔赫·路易斯·博尔赫斯（Jorge Luis Borges，1899－1986），阿根廷诗人、小说家、散文家、翻译家，被誉为作家中的考古学家，著作有《老虎的金黄》等。

[现代科学界对动物的分类]

动物
- 哺乳类
- 鸟类
- 昆虫类
- 两栖类
- 鱼类

MECE

（不重叠、不遗漏原则）

[古代中国人对动物的分类]*

动物
- 属于皇帝所有的动物
- 剥制的动物
- 驯养的动物
- 乳猪
- 美人鱼
- 虚构的动物
- 流浪狗
- 可归入此类的动物
- 发疯般颤抖的动物
- 不可胜数的动物
- 用优质驼毛笔描绘的动物
- 其他动物
- 刚刚破茧而出的动物
- 远看如苍蝇的动物

* 据哲学家福柯介绍，该分类是作家博尔赫斯在其散文中提到的中国古代对动物的分类。米歇尔·福柯（Michel Foucault，1926 — 1984），法国哲学家、社会思想家和“思想系统的历史学家”，著作有《疯癫与文明》《知识考古学》等。

虽然后者包含诸多杂乱无章的分类标准，甚至难以称之为“分类”。但是哪种分类方法更有趣呢？哪种分类方法更能激发“创意君”的活力呢？

明显是古代中国人对动物的分类。虽然缺乏逻辑性，但只要看一眼，那些“想象中的动物”就已跃然纸上。

从这个例子可以看出，要想提炼创意，条理清晰地对事物进行分类和分析并没有太大的意义。倒不如多寻找一些有趣的视角来分析问题，即使这些视角缺乏逻辑性也无妨。

将创意扼杀在摇篮里的 MECE 分类原则

另外，“逻辑派”爱用的 MECE 分类原则也不利于产出创意。

MECE 是 mutually exclusive collectively exhaustive 的首字母缩写，意为“相互独立，完全穷尽”。是指对于一个重大议题能够做到不重叠、不遗漏地分类，借此有效把握问题的核心，并解决问题的方法。

举个例子，在设计商品宣传的创意方案时，根据受众不同，宣传方式也会有很大的差异。所以有人会按“年龄层”对宣传

[MECE 分类原则]

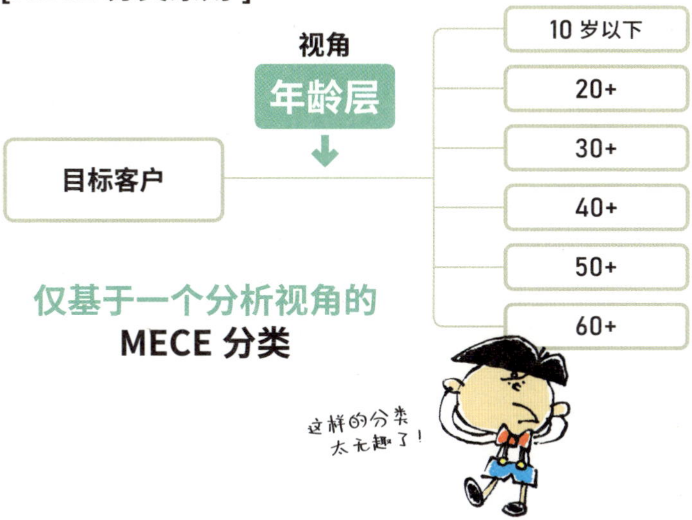

对象进行分类，然后针对不同年龄层的受众，思考采用何种宣传方式对他们最为有效。

但是，在实际操作过程中，你很快就会发现，按照这样的分类去提炼创意简直比登天还难。假设我对你说“给我设计一个针对 20+ 人群的宣传方案”，你一定不知从何入手吧？

理由很简单，这个思维导图虽然被分成 6 个分支，可能有人会误以为这样就相当于有了 6 个分析视角，实际上仍然只有“年龄层”这一个分析视角。

其实，分析问题的视角可以无限多，如年收入、出生地、

- 目标客户
  - 视角 **出生地**
    - 北海道
    - 青森县
    - 岩手县
    - 秋田县
    - ……
    - ……

- 目标客户
  - 视角 **年收入**
    - 300 万日元以下
    - 300 万～500 万日元
    - 500 万～700 万日元
    - 700 万～900 万日元
    - 900 万～1100 万日元
    - 1100 万日元以上

- 目标客户
  - 视角 **座右铭**
    - Stay hungry, stay foolish
    - 用自己创造的机会改变自己
    - 一旦放弃了，比赛就结束了
    - 天才是 1% 的灵感加 99% 的汗水
    - ……
    - ……

- 目标客户
  - 视角 **喜欢的动漫**
    - 高达
    - 新世纪福音战士
    - 进击的巨人
    - BANANA FISH
    - ……
    - ……

座右铭和喜欢的动漫等。分析视角的多少，决定了想象空间的大小和创意方案的好坏。

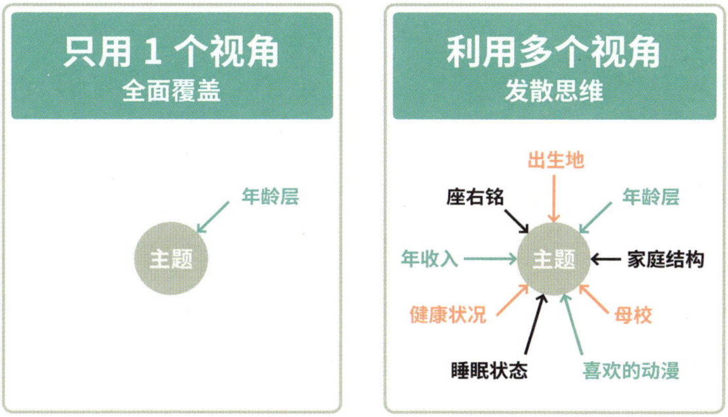

当然，我并不是说逻辑思维没有意义。当我们需要整理自己的创意向他人汇报时，或者想要整理创意以确认有无遗漏时，MECE 分类法就是一种非常便捷的工具。

但是如果想要产出创意，使用 MECE 分类法只会适得其反。MECE 分类法的目的是建立思维秩序，整理出一个分析视角，这种做法在提炼创意时，反而会制约我们发散思维。

我们需要做的是将自己所能想到的借口和不满全都一吐为快，甚至有时吹毛求疵也无妨，如此我们才能获得多个分析视角。比起 MECE 分类法，这样做显然更有利于我们提炼出独特的创意。总而言之，“混沌”的状态比“有序”的状态更适宜发散思维。

但在商务领域，这一真相往往容易被掩盖起来。

这是因为那些足智多谋的商务精英在向他人介绍自己的创意时，使用的大多是思维导图和 MECE 分类法。年轻人看到他们的演示就容易产生这样的误解，认为优秀的人都是利用逻辑思维工具来产出创意的。

实际上，如果你问那些商务精英：“你是通过逻辑思维来提炼创意的吗？”基本上他们都会回答：“不，我只是利用 MECE 分类法来整理自己提炼出来的创意而已。”如果你追问他们：“那你到底是怎么想到这个创意的呢？”他们可能会说：“嗯……我也不知道怎么就想到了。”一般情况下，你很难从他们口中获得明确的答案。

于是，创意产出的思考过程成了一个无法言传的“秘籍”。而我之所以提出“创意郊游”的方法，正是希望能将这个被人们视为“秘籍”的思考过程可视化。

第❷个开关

迅速拓宽思维框架

接下来为你介绍第二个开关。

这个开关隐藏在“第 3 步 正负转换”之中。

“XX 也不成问题”

▼

帮你拓宽思维框架的开关

前文说过，在“正负转换”这个步骤中，需要我们将在“第 2 步 列负面清单”中列举的做不到的理由、借口和不满转换为“正面信息”。

“正负转换”有如下两种方法：

一种方法是将“没有 XX”直接转换为“有 XX”的“单纯

转换法”。例如，将“早上没时间”转换成“早上有时间”，把负面的语句直接转换为正面的语句。

另一种方法是“不成问题转换法”。例如，把“早上没时间”转换成“早上没时间也不成问题”。

第二个创意的开关就藏身于“不成问题”转换法之中。

这是一个怎样的开关呢?

在进行说明之前，我想请各位解决一个难题：如果让你制作一把绝对不会被弄丢的钥匙，你会想到什么点子?

很多人可能首先会想到做一把超大的钥匙、会发光的钥匙或一离身就会自动报警的钥匙等。

其实，这类想法正是人们在无意识中被思维框架所束缚的表现，是人们在不知不觉中囿于自身成见的表现。

只用一句话就能让大脑飞速运转

你不妨试一下“不成问题转换法”。

我提出的问题是如何制作一把绝对不会被弄丢的钥匙? 那你不妨这样告诉自己：“弄丢了钥匙也不成问题。”接下来再思考：“为什么说弄丢了钥匙也不成问题？在什么情况下，弄丢了钥匙也不成问题？”

是不是很简单？

答案自然是因为没有钥匙也能回家，所以不成问题。那么，如何才能做到没有钥匙也能回家呢？我们可以采用指纹认证的方式来开锁，也可以设计成刷手机开锁的模式。

你甚至还可以这样思考：“因为就算进了小偷，家里的财产也都完好无损，所以弄丢了钥匙也不成问题。”比如说，家里的所有财产都是租来的，而且自带防盗保险，那么就算家里进了小偷，也不必担心财产安全。

无论以上哪种方式，都没有拘泥于有形的钥匙这个条件，但都可以获得跟制作一把绝对不会被弄丢的钥匙同样的效果。

可以说，“不成问题转换法”将“如何制作一把绝对不会被弄丢的钥匙”这个问题，转换成了“如何打造一个没有钥匙也进得去的家”，以及“如何打造一个进了小偷也不怕的家”等新问题。

这种方式拓宽了原本狭隘的思维框架。

人是一种容易在无意中受到自身成见束缚的生物，而“不成问题转换法”就是一个可以帮助我们破除成见、迅速拓宽思维边界的开关。

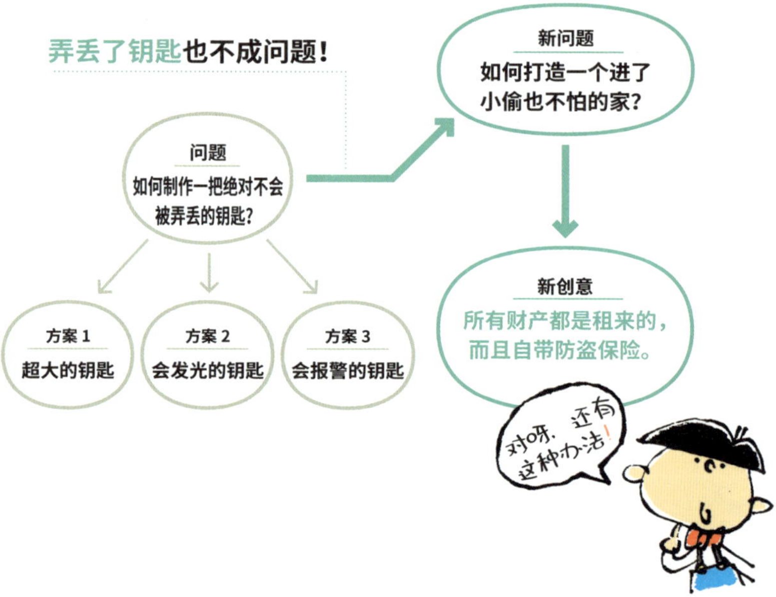

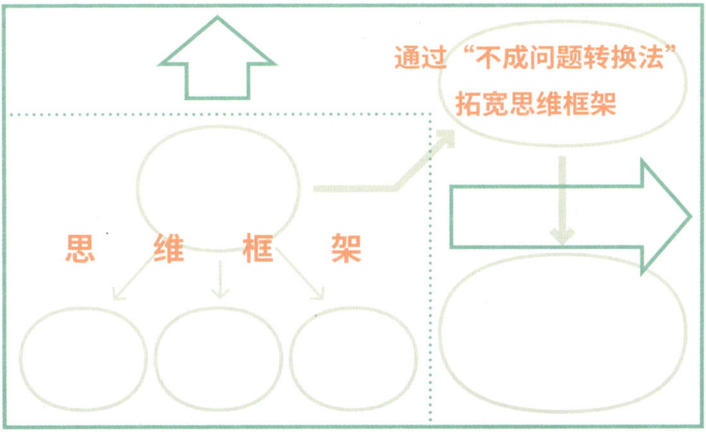

借助“不成问题转换法”拓宽思维框架后，你自然能想到更多的创意。和那些囿于成见的人相比，更容易提炼出别具一格的创意。

如果有人突然让你拓宽自己的思维框架，你恐怕会一头雾水吧？但如果运用“不成问题转换法”，任何人都可以不费吹灰之力，让大脑自动替你拓宽思维框架。

关键就在于一定要开口告诉自己：“即使弄丢了钥匙也不成问题。”只要开口说出来，大脑就会自动开始飞速运转。

“不成问题转换法”就是一个效果如此强大的开关。

借助“不成问题转换法”孕育创新

其实，世界上大多数被称为创新的点子，都是因为人们通过“不成问题转换法”拓宽了思维框架，才得以被孕育出来的，折刃式美工刀就是其中代表。

折刃式美工刀是指刀片上带有折痕的美工刀，如果刀刃钝了，可以沿折痕将钝的部分折断。现在这种美工刀早已成为日常生活中司空见惯的产品。

这个创意始于 1956 年，发明者是 OLFA 株式会社的创始人冈田良男先生。

据说，冈田先生当时在一家印刷厂工作，工作中他经常需要裁纸。但是他那把用来裁纸的小刀钝得很快，因此他时不时就得去磨刀，冈田先生觉得这样特别麻烦。

有一天，他看到一块板状巧克力，突然灵光乍现。他想，就算刀刃钝了，如果能像巧克力一样，把钝了的刀片折断，那就再也不用磨刀了。

于是冈田先生发明了折刃式美工刀。如今这个创意早已遍及全球，成了一项世界级的创新。是不是很厉害？从这个故事中，我们就能感受到创意的力量到底有多强大。

试想，如果冈田先生当初一个劲儿地琢磨：“到底怎样磨刀，才能让刀刃的锋利度保持得更久？如何才能打造一把坚韧的不需要磨的刀？”那他还能设计出折刃式美工刀吗？答案不言自明。

因为偶然看到一块板状巧克力，冈田先生便从“如何才能打造一把坚韧的不需要磨的刀”这类思维框架中解放出来，因此才诞生了折刃式美工刀这个创意。“不成问题转换法”也能给我们带来相同的效果。

第❸个开关

实现解决方案的范畴转换

最后为你介绍第 3 个开关。

这个开关隐藏在“创意郊游”的“第 4 步 反问自己”之中。

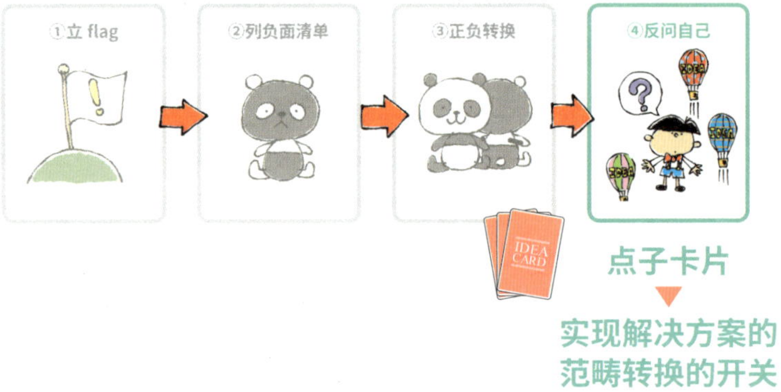

前文说过，“创意郊游”的第 4 步会用到“点子卡片”。

我们将通过“正负转换”获得的正面信息与随机抽取的“点子卡片”进行搭配组合，第三个开关就隐藏在这个过程之中。

这个开关的作用是实现解决方案的范畴转换。这么说你大概会觉得不知所云，放心，接下来我将逐步进行说明。

首先，我们需要明确一件事。

当我们面对某个问题时，就需要针对该问题来思考解决方案，对吗？

例如，当我们面对“被雨淋得全身都湿透了”这个问题时，不会有人提出“看漫画”或“大声说话”等这样离谱的解决方案。

我们一定会思考针对这个问题的解决方案，比如说撑伞和躲雨等。

如果我们提出的解决方案不是针对这个问题的，似乎就没有任何意义，对吧？

解决方案必须是针对问题的解决方案，
虽然这种说法并没有错……

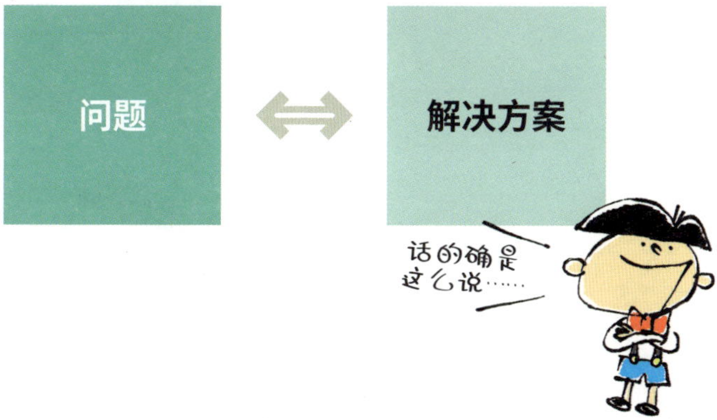

只是许多人容易在无意中受到某种成见的束缚，特别是喜欢讲逻辑思维的“逻辑派”，更容易受制于这种成见，即问题和解决方案必须在同一范畴内。

换句话说，例如，在第二章中提到的“对早餐缺乏期待，不像晚餐时会纠结吃什么好”，这是一个属于饮食范畴的问题。很多人可能会认为，要解决这个问题，就必须设计出能让人充满期待的早餐。

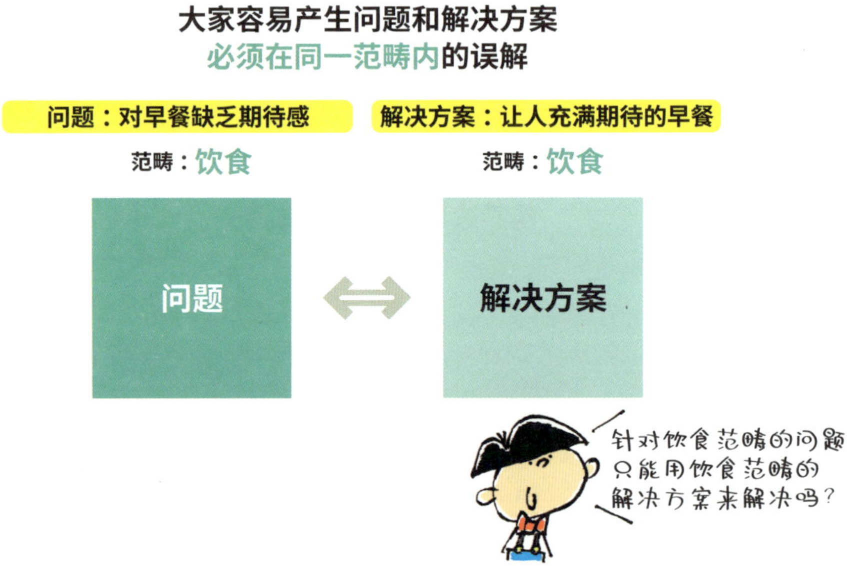

自动产生非常规的联系

其实这是一个误解。要解决饮食范畴的问题，不一定非要采用饮食范畴的解决方案。

举个例子，如果每天早上你心仪的异性（或你喜欢的人）会打电话询问：“你吃早餐了吗？”那么即使你吃的是同一份早餐，接到意中人的电话之后，你一定会对即将享用的早餐更加心怀期待吧？

换言之，饮食范畴的问题也可以用“身份”这一范畴的创意来解决。

其实，其他范畴的解决方案
同样可行

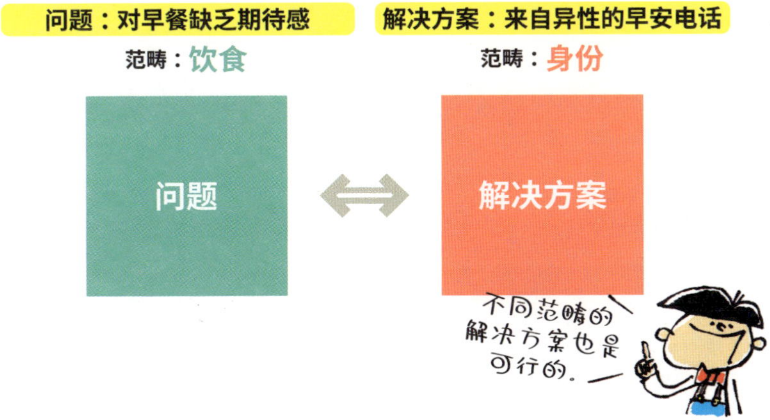

反之，如果一心想着只能采用同一范畴的解决方案来解决问题，那么能想到的创意自然是有限的，也很难提炼出与众不同的创意来。

这时，“点子卡片”就要派上用场了。

“点子卡片”的内容代表了不同的范畴，通过随机抽取卡片，我们可以强制性地让自己进入一个意想不到的范畴里。也就是说，点子卡片能将我们从“必须用同一范畴的解决方案来解决问题”这种成见中解放出来。

例如，刚才提到的“对早餐缺乏期待，不像晚餐时会纠结吃什么好”这个问题，我们完全可以在下列非常规的范畴中寻找解决方案。

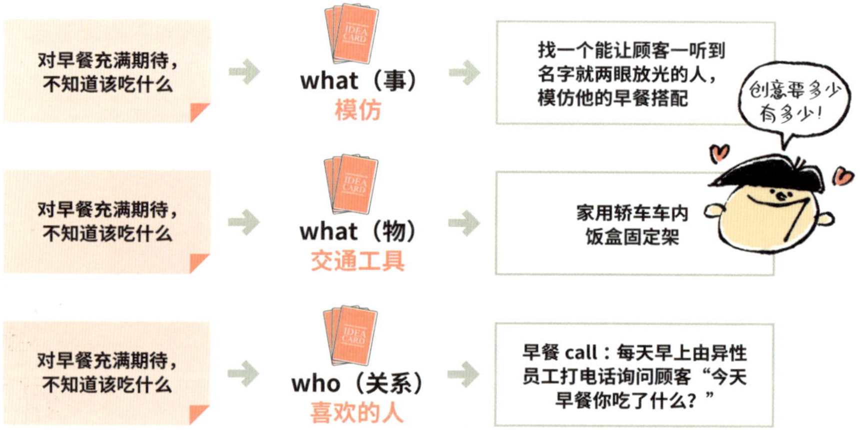

像这样，在问题所属范畴之外寻找解决方案，通常能获得许多令人意想不到的新颖创意。

通过反问自己打开思维的开关

以上就是隐藏在“创意郊游”里的 3 个开关。接下来让我们重温一遍吧！

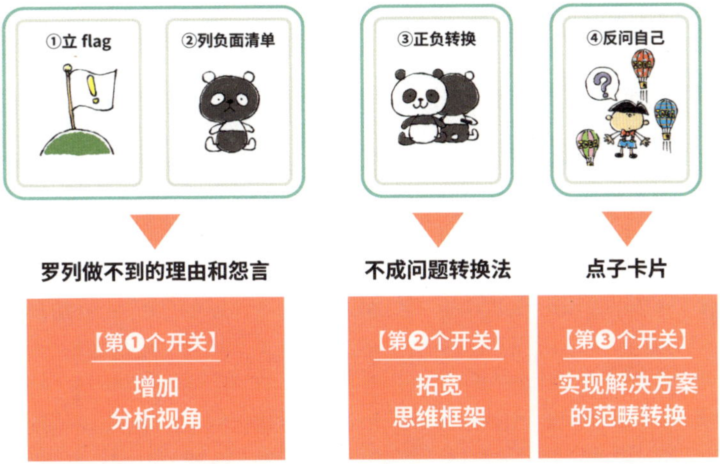

首先，第一个开关是指通过罗列做不到的理由、借口和不满等，为你增加分析问题的视角。

其次，第二个开关会通过“不成问题转换法”，自动为你拓宽思维框架。你会发现在这片被拓宽的新“土地”上，布满了创新的种子。

最后，第三个开关会通过“点子卡片”强制性地让你进入一个新范畴，它与眼前问题所属的范畴不同，在那里你可以提炼出令人出乎意料的创意。

这 3 个开关就隐藏在“创意郊游”的过程之中。

要想让自己的大脑全速运转起来，在打开这些开关的同时，还有一个步骤必不可少——反问自己。

“创意郊游”其实也是一个不断反问自己：为什么、如何才能实现，以及为何说“不成问题”的过程。

如果我们立下的 flag 是“想吃早餐却吃不了”，那么我们就可以通过反问自己“为什么吃不了”，找出做不到的理由或借口，发泄心中的不满。

接下来，我们需要将“做不到的理由 = 负面信息”，通过“正负转换”改写成“正面信息”，然后反问自己“怎样才能实现，何以说不成问题”。

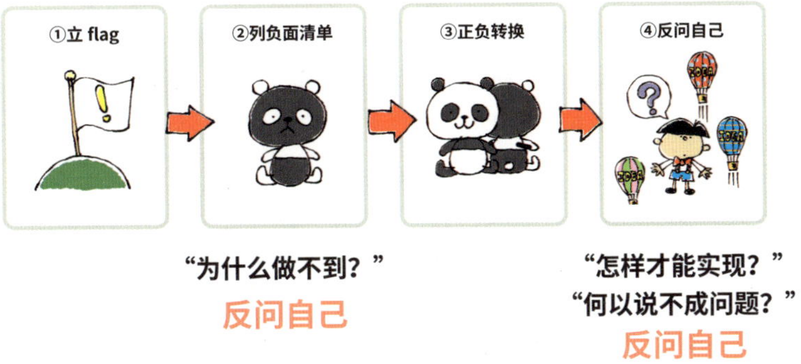

同样，在抽取“点子卡片”时也要反问自己。例如，“饮食问题要如何通过‘身份’来解决呢？”

“反问”这个步骤非常关键。

因为人类的大脑讨厌空白状态。如果有人给你出了一道谜题，而你没有马上想出答案，那么你往往会忍不住一直思考这个谜题，直到解开为止。

我想大家应该都曾有过类似的经历吧？这是因为当我们找不到答案时，大脑就会出现空白，如果不填补这份空白，我们就会觉得浑身不自在。

要提炼创意，关键就在于制造空白。为此，我们首先需要反问自己。

最重要的是开口把问题说出来。与其一个人默默地冥思苦想，不如反问自己，通过调动听觉，让大脑的反应更强烈。

在反问自己时，问题越古怪，效果往往越好。也许正是因为问题过于稀奇古怪，自己无法立刻找到答案，以至大脑出现了空白，所以我们的大脑才会自动全速运转起来，期待能填补这份空白。

在“创意郊游”的过程中，我们正好可以制造出大量古怪的问题和奇怪的语句，就像前面我列举的诸多例子一样。

“什么情况下，才能有地方好好吃在便利店买的早餐呢？”

“为什么说就算在工位上吃早餐，别人也不会觉得有损我的形象？”

“模仿某样东西，就能让人对早餐充满期待，那样东西究竟是什么呢？”

……

这些问题都很古怪，有些甚至让人看了忍不住发笑。

但是，如果我们可以找到这些问题的答案，那么这个答案就能够帮助我们解决一开始提出的问题，而这个答案往往就是我们需要的创意。

通过反问自己，向自己提出各种稀奇古怪的问题，就能自动激活我们的大脑，这也是“创意郊游”的一大特征。

【小专栏】

“创意郊游”体验者的感想

NTT Data　风间昭男（IT 服务及支付业务本部、服务设计统括部项目部长）

如今这个时代，创意的好坏决定了商业的成功与否。大家常说，1000 个创意中只有 3 个能成型，但要孵化出 1000 个创意往往需要 1 万个着眼点。这个提炼创意的过程在“创意郊游”中被简化成任何人都能轻松上手的形式。我们 NTT Data 也引进了“创意郊游”这一项目，还为客户提供“创意郊游”的相关培训。许多客户都反馈“创意郊游”既简单有趣，又卓有成效，一致对“创意郊游”予以高度好评。我相信如果上至高层，下至一线员工，大家能一起“创意郊游”的话，公司一定会面目一新。

软银　源田泰之（人才开发统括部部长）

“创意郊游”是软银内部培训最受欢迎的项目之一。它之所以如此受人追捧，原因在于：第一，寓教于乐，在“创意郊游”过程中，我们可以像玩游戏一样掌握提炼创意的方法；第二，以理服人，“创意郊游”的背后有一套逻辑，能充分说明为什么通过这种形式能提炼出创意。在软银，不仅基层员工渴望凭自己的能力从零开始开发商业项目，管理部门的同事也在积极学习“创意郊游”，努力创造新价值。这可以说是我们软银的一大优势。

三井不动产　盐谷义（IT 创新部开发组长）

为了实现我们公司利用科技创新房地产业的宏伟目标，我们组织房地产部门和 IT 部门的专家，共同启动了一个特别项目，专门用来孵化新的商业创意。在项目开展过程中，我们使用的正是“创意郊游”这种形式。项目组成员对它评价都很高，因为体验了一次性产出大量创意的乐趣。我深切地体会到，在这个日新月异的现代社会中，掌握像“创意郊游”这样的创意提炼法，对我们而言非常重要。

第 4 章

“创意郊游”在工作中的运用

自以为找到解决方案时，恰恰是最危险的时候

“创意郊游”不仅能帮你从零开始孵化出新的产品或服务，对于解决工作中遇到的问题，它也能发挥强大的效力。

在这一章中我将具体介绍运用“创意郊游”来改善工作的方法。

大家在工作中一定会遇到很多让你觉得“想做某事却做不到”的情况吧？

- 想开拓客源却开拓不了
- 想推广手机支付却推广不成
- 想扩招学员却招不到
- **想设计一个没有漏洞（bug）的系统却设计不出来**
- 想好好跟进下属的项目却跟进不下去
- 想让组员充分汇报情况却做不到

然而，通常越是这种与我们自身密切相关的问题，越难以得到彻底解决。

当然并不是说我们找不到解决方案，很多情况是似乎看起来“解决方案明显只有那一个”，结果我们充其量不过是在原

地打转而已。

以“想设计一个没有漏洞的系统却设计不出来”这个问题为例，很多人的思考方向是如何努力设计出一个没有漏洞的系统，或者如何强化系统漏洞的检查机制等。其实，这些都是已经实施过的解决方案。他们只是在重新确认这些解决方案的执行情况而已，最终并不能从根本上解决问题，所以他们永远会为同一个问题而烦恼。

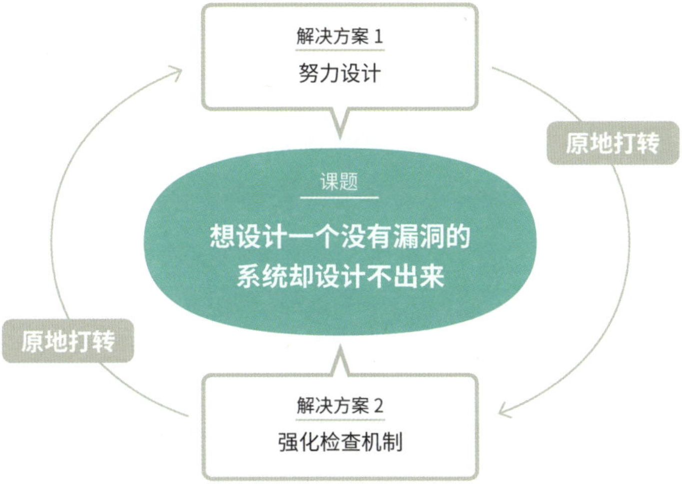

难就难在，努力设计出一个没有漏洞的系统或强化系统漏洞的检查机制，这样的解决方案并没有错。所以人们才会执着于此，认为解决方案只有这两种。对此项工作越熟悉的人，越容易落入这类陷阱。

这时，我们更需要实施“创意郊游”。因为通过“创意郊游”充分拓宽思维的框架之后，我们才有可能想到此前被我们忽略了的新点子。

遇到这种情况，不如先立一个 flag：想设计一个没有漏洞的系统却设计不出来，然后开始“创意郊游”。大家也一起开动脑筋吧！

如先前所述，“创意郊游”中最重要的是“发散思维”，发散思维能帮助我们不断拓宽思路，让各种各样的解决方案源源不断地涌现出来。

而“检查官”最擅长的是聚合思维，讲究的是筛选出一个最佳解决方案。而在这时，聚合思维恰恰是不可取的。

千万不要因为觉得这样的点子太没品位了或解决问题的重点不在那里，就淘汰了自己辛辛苦苦想到的点子。

只有让“创意君”毫无负担的大展身手，才能找到让人意想不到的解决方案。

给自己找许多做不到的理由

事不宜迟，让我们赶紧开始“创意郊游”吧！

我们立下的 flag 是“想设计一个没有漏洞的系统却设计不出来”，那就试着反问自己：“想设计一个没有漏洞的系统却设计不出来，这是为什么？”

然后就像给自己找借口一样，在便签上写下你认为做不到的理由——列负面清单。

想设计一个没有漏洞的系统却设计不出来，
这是为什么？

怎么样，写好了吗？要想找到新的分析视角，提炼出让人意想不到的创意，关键就在于将“满腹牢骚”通通写下来。记住要把你所能想到的做不到的理由、借口和不满全部一吐为快，不必有所顾忌。

以下就是我列的“负面清单”。

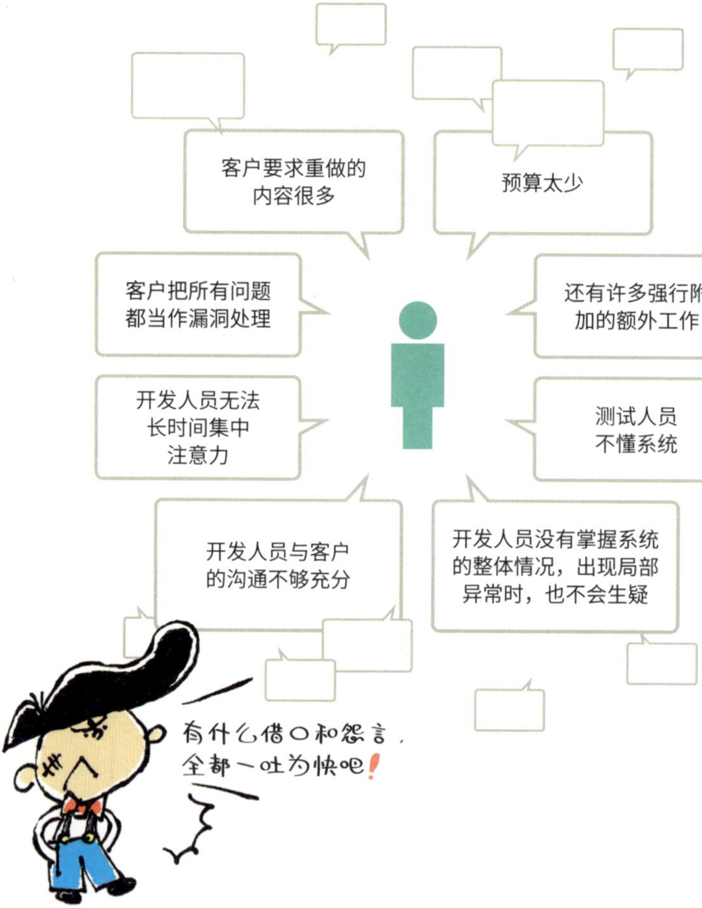

列完“负面清单”之后，下一步就是“正负转换”。

采用“单纯转换法”和“不成问题转换法”，将每个负面信息机械性地转换成两个正面信息。

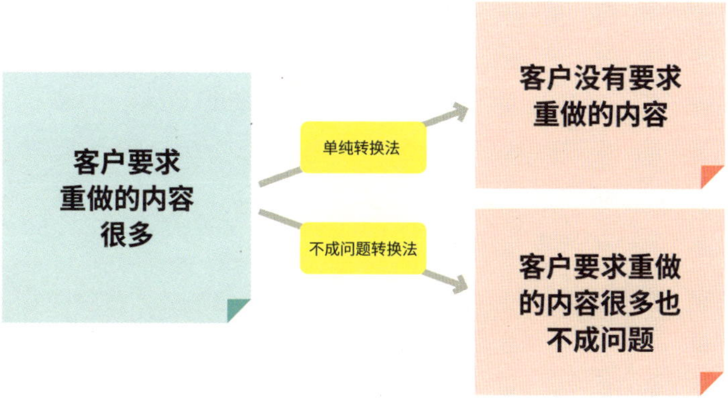

机械性地进行“正负转换”之后，你可能会得到一些奇怪的句子，但不必在意。

通过“不成问题转换法”来拓宽思维的框架是至关重要的一步，只有大幅度拓展思维的边界，才能找到真正具有创意的点子。

我会在下一页给大家展示我是如何进行“正负转换”的。

负面信息	正面信息
客户把所有问题都当作漏洞处理	客户不会把所有问题都当作漏洞处理
	客户把所有问题都当作漏洞处理也不成问题
开发人员无法长时间集中注意力	开发人员可以长时间集中注意力
	开发人员无法长时间集中注意力也不成问题
开发人员与客户的沟通不够充分	开发人员与客户的沟通非常充分
	开发人员与客户的沟通不够充分也不成问题
开发人员没有掌握系统的整体情况，出现局部异常时，也不会生疑	就算开发人员没有掌握系统的整体情况，出现局部异常时还是会生疑
	就算开发人员没有掌握系统的整体情况，出现局部异常时不会生疑也不成问题

过系统来解决。但借助“点子卡片”的力量，我们就能从这种成见中解放出来。

当你抽取一张卡片后，接下来需要做的是结合卡片的内容反问自己。

[点子卡片]

如果是某种／如果拥有某种 卡片的内容 **的话，就能让**

XX **的状态得以实现。**

那究竟是什么样的 卡片的内容 **？**

比如说，经过转换获得的句子是“开发人员与客户的沟通非常充分”，而抽到的“点子卡片”内容是“建筑”，那么你可以反问自己：“如果拥有某种建筑的话，就能让开发人员与客户沟通非常充分的状态得以实现，那究竟是什么建筑呢？”

［点子卡片］

如果是某种／**如果拥有某种** 建筑 的话，就能让

开发人员与客户沟通非常充分 的状态得以实现。

那究竟是什么样的 建筑 ？

当你面对眼前的“点子卡片”，把你所能想到的点子全都写下来了（也可能你对着那张卡片却什么点子都想不出来），那就不必再执着于眼前的卡片了，抽取另一张“点子卡片”吧！把你觉得最有感觉的正面信息和“点子卡片”组合起来，然后找出你觉得有意思的组合即可。

一轮过后，给你喜欢的点子取一个名字，至此“创意郊游”就算结束了。大家有没有找到满意的创意呢？在这次“创意郊游”中，我提炼出 4 个创意，详见下一页。

就算客户要求重做的内容很多也不成问题

→

“涵盖追加费用的合同”
事先签订当客户追加新的开发内容时，方便我方申请追加费用的合同

“系统开发保险”
当客户追加开发内容时，我方就可获得一定额度的保险金

就算客户把所有问题都当作系统漏洞来处理也不成问题

→

“漏洞鉴定师”
事先在系统开发体系内安排第三方人员，由第三方人员负责判断出现的问题是否属于系统漏洞

开发人员与客户的沟通非常充分

＋ 建筑 →

将办公室搬到顾客公司附近

逃离思维怪圈

接下来，我为大家简单说明上一页的 4 个创意。

第一个创意叫作“涵盖追加费用的合同”。

事先与客户签订合同，当客户追加新的开发内容时，方便我方申请相应的追加费用。这样一来，就算客户在系统开发完成后，以有漏洞为由追加新的开发内容，我们也能应对自如。

当然，要落实这个创意，有许多问题必须先理清楚。比如，哪些开发内容需要支付追加费用？哪些开发内容属于系统漏洞，应该由开发人员负责？如果能理清这些问题，我相信这个解决方案一定效果非凡。

另外，我们还可以向客户提供签订传统合同或涵盖追加费用的合同两种选择。如果客户选择后者，则予以一定程度的优惠。如此一来，相信会有客户愿意签订涵盖追加费用的合同。

第二个创意叫作“系统开发保险”。

当我们购买了“系统开发保险”之后，如果客户要求追加新的开发内容，我们就能领取到一定额度的保险金。有了“系统开发保险”的保障，开发人员便能安心地进行系统开发了。当然，在实施这个创意时，我们同样会遇到许多难题，如哪些开发内容需要支付保险金？哪些开发内容属于系统漏洞，应该由开发人员负责？但是如果能开发出这样的保险，我想对于许多开发公司和开发人员而言，一定是一件喜闻乐见的事。

可能你会心生疑问：“这是保险公司要考虑的事情吧？我是开发公司的工作人员，又不是保险公司的职员。”先不要把话说得那么绝对。其实，我们在“创意郊游”过程中，经常能提炼出与其他领域或其他公司业务相关的创意。

你或许可以调查一下系统开发行业的现状，如果“系统开发保险”的需求足够高，那么你完全可以向保险公司提议开发有关“系统开发”的保险产品。虽然让这个创意落地可能比较麻烦，但请不要一开始就否定了这个创意。把它当作一个点子，储备在你的点子库里，不也挺好的吗？

第三个创意叫作“漏洞鉴定师”。

如果我们事先在系统开发体系内设置一位第三方人员，由他专门负责判断出现的问题是否属于系统漏洞，那么就算客户想把出现的问题都当作系统漏洞来处理，我们也不至于陷入被动局面。

即使客户说：“这个属于系统漏洞，我们要追加新的开发内容来修补漏洞。”我们也可以理直气壮地拒绝客户：“不，这不属于系统漏洞，还请您支付相应的追加费用。”

说不定“漏洞鉴定师”还能借此机会发展成一门新职业。

如果有这样的专业人士，那么我们施行“涵盖追加费用的合同”和“系统开发保险”等创意时，遇到“哪些开发内容需要支付追加费用；哪些开发内容属于系统漏洞，应该由开发人员负责”这类问题，“漏洞鉴定师”就可以帮我们一一解决。

你会发现不同的创意之间互相串联起来了，不禁让人更加摩拳擦掌，跃跃欲试。

第四个创意是“将办公室搬到顾客公司附近”。

说到底，客户为什么会提出追加开发内容呢？说白了还不是因为开发人员和客户的沟通不够充分，以至于双方描绘的完成效果图有所出入。

既然如此，不如索性把开发项目组的办公室搬到顾客公司附近，不就能解决这个问题了吗？这就是第 4 个创意。这一招虽然简单，但如果能得以执行，就可以切实提高我方与客户的沟通频率，称其为撒手锏也不为过。

当然，要落实这个创意，我们还面临诸多问题。例如，客户公司附近怎么那么巧能找到正在招租的办公室？难道租金不会增加成本压力吗？其实，这些问题也可以借助创意的力量来解决。

比如说，如果让开发项目组的全体成员都搬办公室难度太大的话，那就让负责与客户沟通的几位员工在客户的办公楼里租借一间办公室，在客户的办公楼里办公，这也是一个可行的方案。

所以说，正确的做法是，凡是你认为有可能实现的点子，就全都储备起来。重点是要收集大量的点子。

收集到大量点子之后，你一定能找到帮你摆脱思维怪圈的出口，让你不再纠结于如何设计出一个没有漏洞的系统或如何强化系统漏洞的检查机制。

“创意君”的冒险——“创意郊游”到这里就结束了。“创意君”体力不佳，如果“创意郊游”的时间太长，可能中途“创意君”的灵感就会大打折扣。所以只要你能提炼出几个你认为有可能实现的点子，就可以让“创意君”先行休息了。

接下来就该“检查官”出场了。“检查官”的任务是运用逻辑思维分析以下问题，并从中提炼出可行的创意。

“这个点子可行吗？”

“费效比[1]如何？”

“能通过内部审议吗？”

“客户会同意吗？”

……

当然，有可能这些点子一个都派不上用场，但千万不要因此责怪“创意君”。与其埋怨，不如鼓起勇气再进行一次“创意郊游”，“创意君”最终一定能为你找到你想要的金点子。

①费效比是指投入费用和产出效益的比值，即投资回报率，可用于衡量营销活动的效果。

后记

这次“创意郊游”，你是否也乐在其中呢？

有人天生点子多，也有人并非如此。即便是同一个人，也有思维活跃的时期和灵感匮乏的时期。

一直想不出好点子确实很折磨人，但人们一旦找到了好点子，就能瞬间体会到无与伦比的快感。我希望可以让更多的人体验到这种快感，让任何人都可以随时随地提炼出自己想要的金点子。这就是我写这本书的初心。

虽然这很难，但其实只要打开一些“开关”，就能让你变成一个能轻松产出创意的人，本书的内容就是告诉大家打开这些开关的技巧。要让人们能够乐在其中地提炼创意，也是我非常重视的一点。

在日新月异的现代社会，能否提出新颖独到的创意，对任何人而言都变得越来越重要。如果本书可以在这方面给各位一点儿启发，那我将不胜荣幸。我衷心希望通过与大家一起开开心心地提炼创意，来创造一个更美好的世界。

在大家的支持下，“创意郊游”已历经多次升级和完善。

借此机会，感谢风间昭男先生在我整理“创意郊游”的基本思路时，给予我非常宝贵的意见；也要感谢三浦绍先生、森田由希子女士、牛山达郎先生、角谷恭一先生和水野祐先生给予我诸多建议，帮助我创立研习营；感谢中村昌平先生、源田泰之先生、佐藤和博先生、岛村公俊先生、武田健佑先生和市川美穗乃女士，在我打造“创意郊游”培训课程时，予以我多方面的反馈；还要感谢其他相关人士的大力支持。

我更希望可以听取各位读者的意见，以便进一步完善“创意郊游”，请各位务必不吝赐教。

中泽刚

图书在版编目（CIP）数据

创意的开关 /（日）中泽刚著；许源源译 . -- 北京：中国民族文化出版社有限公司，2022.11
ISBN 978-7-5122-1608-2

Ⅰ . ①创… Ⅱ . ①中… ②许… Ⅲ . ①企业管理 Ⅳ . ① F272

中国版本图书馆 CIP 数据核字 (2022) 第 172735 号

著作权合同登记号：01-2022-4999

创意的开关
Chuangyi De Kaiguan

作　　者：［日］中泽刚
翻　　译：许源源
责任编辑：孙　洋
责任校对：李文学
装帧设计：姚　宇
出 版 者：中国民族文化出版社　地　　址：北京市东城区和平里北街 14 号
邮　　编：100013　联系电话：010-84250639　　64211754（传真）
印　　装：河北鸿运腾达印刷有限公司
开　　本：880mm × 1230mm　1/32
印　　张：3.75
字　　数：68 千
版　　次：2022 年 11 月第 1 版第 1 次印刷
标准书号：ISBN 978-7-5122-1608-2
定　　价：49.80 元